LETTRE

EXPLICATIVE

D'UN ÉLECTEUR DE PARIS

A QUELQUES

ÉLECTEURS DE DÉPARTEMENT.

SAINT-DENIS. IMPRIMERIE DE CONSTANT-CHANTPIE,
Rue de Paris, n. 8.

LETTRE

EXPLICATIVE

D'UN ÉLECTEUR DE PARIS

A QUELQUES

ÉLECTEURS DÉ DÉPARTEMENT,

SUR

LES RÉUNIONS, LES SÉANCES, LES DISCOURS ET LES VOTES

DES MEMBRES

DE LA CHAMBRE DES DÉPUTÉS.

Si la France le savait!.....

PARIS.

. A LA LIBRAIRIE CENTRALE,

PALAIS-ROYAL, GALERIE NEUVE D'ORLÉANS, Nos 1, 190, 191, 49.

1829.

LETTRE

EXPLICATIVE

D'UN ÉLECTEUR DE PARIS

A QUELQUES

ÉLECTEURS DE DÉPARTEMENT.

Paris, le 30 avril 1829.

La presse périodique n'est pas si bien affranchie, dites-vous, Messieurs, qu'elle puisse, même dans le cercle modestement agrandi par la loi du mois de juillet 1828, imprimer tout ce que cette loi n'ordonne pas de taire.

Les journaux les plus hardis ont des scrupules que vous ne pouvez concevoir : fréquemment leur manière de s'exprimer sur le pouvoir, sur les personnes et sur les choses, est tellement ambiguë, vague et détournée, qu'en vain vous cherchez à qui ou de qui ils parlent, et de quoi il s'agit : tout échappe ou plutôt rien n'arrive à votre intelligence; leurs phrases mystérieuses sont pour vous des énigmes sans mot, des espèces d'hiéroglyphes dont les Champollion de département ne donnent que laborieusement une explication peu satisfaisante.

A la distance où vous êtes de la capitale, les expressions même les plus claires présentent des obscurités. Par exemple, le *Constitutionnel* et la *Quotidienne* se plaignent, en des termes peu différens et avec une amertume presque égale, la feuille dévote des tiédeurs et des négligences des députés royalistes, et le journal patriote de la paresse et de l'incurie d'une partie des membres qui siégent à la gauche du président : vous vous demandez comment des hommes, matineux et sobres en province, à Paris déjeunent si tard et dinent sitôt, qu'entre deux repas il leur reste à peine quelques momens pour vaquer aux fonctions législatives; que jamais ils n'arrivent d'assez bonne heure pour obtenir la parole sur les questions où ils s'étaient tant vantés de se montrer discrets.

Vous ne connaissez des réunions *Grange-Battelière, cour Mandar, rue de Rivoli, Agier, Ravez*, etc., que les noms. Mais si ces noms disent assez à nous, gens de la capitale, ils apprennent peu de choses aux habitans de Rouen, de Bordeaux, de Lyon, de Toulouse, de Marseille, de Strasbourg; et pour le reste de la France, *Rivoli, Agier*, sont tout aussi mystérieux que le fameux Abracadabra.

Les questions qui se rattachent à la loi départementale et à la loi communale sont aussi, pour vous, d'indéchiffrables logogriphes, depuis celle relative aux Icares chargés par M. Martignac de multiplier et de mêler les détours du labyrinthe de l'administration, jusqu'à celles qui touchent à un débat de priorité qu'il était si facile de prévenir. Vous en êtes encore à savoir, l'accusation de l'ancien ministère ne devant pas être soutenue cette année, pourquoi elle a été reproduite dès les premiers jours de la session.

Vous demandez à tout venant : Qu'est-ce que l'échancrure du centre gauche? Qui a causé la levée de boucliers de l'extrême droite? A quelle occasion M. Benjamin Constant s'est cru obligé de défendre le libre arbitre parlementaire et d'envoyer à la chambre le bulletin de sa santé? A quoi ont abouti les coquetteries des hommes de la gauche pour les hommes de la droite dans la composition du bureau? Quels signes décèlent la scission du ministère en deux lobes égaux? etc., etc. Voilà, Messieurs, bien des questions; n'exigez pas, à l'égard de toutes, satisfaction complette. Je suis sur le théâtre, je vis avec les acteurs, mais je n'entends pas tout ce qui se dit, je ne vois pas tout ce qui se passe derrière le rideau sur la scène et dans les coulisses, et puis tout ce que je sais, je ne peux pas l'écrire, même à vous. Il est des questions auxquelles les moins empêchés ne répondent que par gestes, par des hochemens de tête et des haussemens d'épaules. Dans de certaines circonstances et sur certains faits, nous autres Parisiens nous ressemblons à ces courtisans de Catherine II, qui parfaitement instruits du coup d'apoplexie dont elle venait d'être frappée, s'observaient en silence, ou s'interrogeaient, se répondaient avec mystère, s'approchaient pied à pied, toujours de front, et qui, arrivés ensemble au point délicat, s'arrêtaient, se regardaient, sans oser prononcer ces terribles mots : *l'impératrice est morte.* Prenez donc mes lettres pour ce que je vous les donne , sans m'imposer l'obligation de me conformer à l'ordre des temps et à l'analogie des matières. Ce que je me propose n'est pas de prouver, c'est d'expliquer.

RÉUNIONS.

Il y aurait à le nier de l'ingratitude ; les leçons mises en pratique par l'actuelle majorité de la chambre , elle les a reçues des majorités précédentes. Electeurs, élus, tous ont été ou sont singes des hommes de la droite. Les réunions aux hôtels de préfecture de messieurs les électeurs bien pensant ont servi de modèle aux réunions des électeurs constitutionnels dans les salons de la banque et du commerce ; celles-ci ne sont venues qu'après celles-là. Les comités directeurs n'ont été que des comités imitateurs; l'attaque a devancé la défense, comme l'épée a précédé le bouclier

Je ne sais si ce M. Piet, d'appétissante mémoire , qui a fondé son immortalité sur sa cuisine, est le premier auteur des réunions préparatoires; je crois bien que l'assemblée des *Feuillans,* que celle des *Clichiens* avaient le même but et le même principe que la réunion Piet ; mais sans remonter au-delà des deux restaurations, tout porte à croire que, si les gentilhommes ne s'en étaient pas avisés, les hommes dits du tiers n'y auraient jamais songé ; c'est parce que l'on s'est réuni rue Thérèse, qu'on se rassemble maintenant rue de Rivoli.

Aussi bien dans la chambre héréditaire que dans la chambre élective, le besoin mutuel de s'entendre , de se concerter, a rapproché et groupé les hommes des mêmes opinions. Chacune de ces réunions a pris le nom de la rue où elle a fait élection de domicile , ou de l'hôte qui l'a reçue.

RÉUNION USEZ.

Ainsi le duc d'Usez qui, moins par les étincelles de son esprit que par les flamèches de son opinion, peut être considéré comme le Labourdonnaye de la chambre héréditaire, a donné le nom de *réunion Usez* à la société de nobles pairs qui se rassemblait chez lui : cette réunion n'existe plus. Au moment où M. de Villèle fit ouvrir à ses soixante-seize élus les portes du paradis de la pairie, celles du purgatoire de M. d'Usez furent fermées. Pour y être admis il ne suffisait pas d'avoir d'aussi bonnes opinions que celles du duc, il fallait être aussi bon gentilhomme que lui, et le moyen? A la mine, à la tournure, aux manières, aux discours de sa seigneurie, peut-être ne la prendriez-vous pas pour une des plus nobles personnes de France, cependant elle l'est, ou croit l'être, et là-dessus je n'ai dessein ni de la contredire, ni de la détromper. Les pairs nouveaux n'apportaient à la chambre haute aucun nom historique. Comment un seigneur tout plein des temps où les ducs avaient des gentilhommes à leurs gages, n'aurait-il pas vu avec rougeur une recrue qui jetait au milieu de la noblesse de race et d'épée, la noblesse de robe et de savonnette? Des dispositions de l'œuvre philosophique du roi Louis XVIII, la première est celle pour laquelle M. le duc d'Usez se sent le moins de sympathie; si quelque cas ligitieux l'y condamne, pour lui c'est bien assez d'avoir, en première, en seconde instance, à subir l'égalité devant la loi, sans accepte.· cet outrage dans ses propres salons; sans exposer le lustre baronnal d'un Croï, d'un Clermont-Tonnerre, pairs et ducs, à être coutaminé par l'approche roturière du pair Olivier, du pair Lapanouse, du pair Chifflet ou du pair Corbière

RÉUNION DE BEAUSSET, CARDINALE,
Ou des Cardinalistes.

La réunion Beausset, cardinale, ou des cardinalistes, n'était pas seulement composée de cardinaux et de pairs ecclés'astiques, comme vous pouviez le penser, d'après les noms qu'elle a reçus de son fondateur, le cardinal de Beausset. On voyait plus de têtes tonsurées dans la réunion Usez que dans la réunion des cardinalistes, bien que celle-ci ait été beaucoup plus nombreuse, et qu'au moment où elle est devenue *réunion Mortemart*, elle fût composée de plus de cent membres; maintenant, vous le savez, le successeur de M. de Beausset est ambassadeur en Russie, la réunion est à peu près dissoute. De ses débris se sont formées deux réunions, plutôt expectantes que délibérantes; l'une chez M. de Vérac, l'autre chez M. de Sémonville, le grand référendaire.

Les cardinalistes sont des royalistes constitutionnels; ils acceptent la Charte, mais plusieurs la voudraient circonscrite sur le terrain du double vote, et n'ayant pour contrefort que des institutions aristocratiques. Cette réunion comptait des hommes de talent et d'esprit; il y en a partout où se trouvent des Mortemart.

RÉUNIONS BARBÉ-MARBOIS ET CHOISEUIL.

Dans ces deux réunions on n'admet que des constitutionne's purs. La Charte y est interprétée selon les expressions de la déclaration de Saint-Ouen, et dans le sens véritablement libéral. Là, point d'arrières-pensées, point de pas rétrogrades vers les abîmes du bon vieux temps, et surtout point d'ambitions personnelles; tous les argumens, tous les votes sont pour le pays. Si M. le duc de Choiseuil n'avait pas un nom si connu, une fortune si indépendante, un si noble caractère et tant d'antécédens honorables, nos parrains politiques l'auraient nommé radical; la démangeaison leur en est venue, mais ils n'ont osé s'y frotter : il est des célébrités en face desquelles la calomnie recule.

RÉUNION DE LA RUE DE RIVOLI.

C'est dans des maisons particulières, qu'à l'instar de la réunion Piet, se sont formées les réunions Ternaux, Gévaudan, Lafitte.

Des nuances assez sensibles distinguèrent d'abord chacune de ces réunions; la première était la plus rapprochée, et la seconde la plus éloignée du ministère; la dernière occupait une position centrale, touchant aux deux autres par ses extrémités, elle tendait à former une unité de ces trois fractions d'une même opinion. M. de Villèle vint à son aide; *diviser pour régner* n'était pas sa devise. Plus hardi qu'aucun de ses devanciers, attaquant, frappant à la fois tous les intérêts, tous les amours-propres, on eût dit que son dessein était de les forcer à se réunir pour panser en commun leurs blessures; s'il n'a voulu le faire, il l'a opéré du moins.

Les réunions Ternaux, Lafitte, Gevaudan n'en formant plus qu'une d'opinion et d'intention, il a fallu chercher un local assez vaste pour la contenir, assez affranchi de la présence du propriétaire, pour que les membres de la chambre élective eussent seuls le droit d'y être admis; pour que chaque député fût autorisé à se croire chez soi. Ce local s'est trouvé l'an passé, rue Grange-Batelière; et cette année, d'abord rue de Richelieu, mais trop étroit; puis cour Mandar, mais trop loin, et enfin rue de Rivoli; le double avantage de l'espace et de la proximité se rencontre dans celui-ci.

C'est là que se rassemblent chaque semaine, dans la soirée du vendredi, au nombre d'environ cent soixante, les membres du côté gauche et du centre gauche de la chambre des députés, c'est-à-dire ceux dont le serment de fidélité au roi et à la Charte constitutionnelle est sans restriction et sans interprétation. Ils ne demandent que ce qui a été promis, que ce qui a été juré; et ce qu'ils demandent ils l'obtiendront, avec ou sans le gré de M. de Martignac, parce que la France le veut avec eux et par eux : tôt ou tard ce que les peuples veulent, Dieu le veut aussi.

Scission de gauche.

Une vingtaine de volontaires de la gauche, croyant s'apercevoir que le corps d'armée ne marchait pas assez vite, ont hâté le pas, et se sont, pendant quelques momens, détachés en avant-garde.

Pour un si petit peloton, un sergent suffisait ; ils ont ambitionné l'honneur d'être commandés par un général fameux. Le général s'est avancé, mais seulement pour blâmer la manœuvre et déclarer qu'il ne reviendrait plus : puis il a rejoint le gros de la troupe. Plusieurs sont revenus avec lui ; le reste continue de marcher à la débandade, mais les jours d'affaire cette escouade se rallie et se met en ligne. Cette petite mutinerie, dont le parti ennemi s'était promis de grands avantages, n'a eu pour inconvénient qu'une fausse attaque, demeurée sans effet, parce qu'elle n'a point été soutenue ; des amours-propres ont été blessés, mais si légèrement qu'il n'y paraît plus.

Échancrure du Centre gauche.

En arrière du banc des ministres, et tout contre la grande ligne de séparation des deux côtés de la chambre, mais s'en éloignant par un rayon brisé qui forme équerre, se touchant du coude ou du genou, douze à quinze membres composent la fraction dite de l'échancrure. Là les principes constitutionnels et les inclinations ministérielles produisent de singulières oscillations.

On en vaut mieux quand on est regardé,

a dit Voltaire. Quand on regarde bien les membres de cette fraction, et que les ministres ne tournent pas la tête, la plupart se lèvent et s'asseyent à merveille, mais gare aux boules (1).

---

(1) Toute proposition ayant une loi pour objet, est votée par la voie du scrutin secret. A l'égard des autres propositions, la chambre vote par assis et levé, à moins qu'elle n'en décide autrement. (*Réglement pour la chambre des députés des départemens, art.* 52).

Pour procéder au scrutin, un secrétaire fait l'appel nominal. Le député appelé reçoit une boule noire et une boule blanche. Il dépose dans *l'urne*

Les membres de l'échancrure font partie de la réunion Rivoli; quelques-uns vont ailleurs encore. Un des plus assidus aux assemblées du vendredi ne manque jamais à se rendre le samedi de grand matin rue de Grenelle-Saint-Germain. Les uns disent que c'est pour mieux savourer, dans l'intimité du tête à tête, le miel qui flue incessamment des lèvres de l'Isocrate du ministère; les autres, que ce n'est pas pour écouter, mais pour parler lui-même, et prouver combien sa mémoire est prompte à retenir toutes les paroles qui lui tombent dans l'oreille. La dernière opinion est plus répandue, plus en crédit que la première, malgré les adorations dont M. de Martignac est le digne objet.

Ces matinées de la rue Grenelle-Saint-Germain ont couvert de quelques nuages les soirées de la rue de Rivoli, et M. Humblot-Conté à son tour est venu souffler ce vent d'orages qui pourraient avoir plus de densité et de durée que ceux soulevés d'abord par M. Eusèbe Salverte. Ceci a besoin de quelques explications, pour être bien entendu à deux cents lieues de Paris : écoutez.

M. Benjamin Constant, qui écrit souvent, qui parle fréquemment et toujours bien, a dit : «On ne prétend pas sans doute que tout député, sous peine d'être déclaré coupable d'un acte répréhensicle, soit tenu de voter sur tous les points avec la majorité, *fût-ce la majorité constitutionnelle*. Il y a des objets sur lesquels la conscience de tel député peut différer de celle du plus grand nombre de ses collégues : sera-t-il obligé de sacri-

---

placée sur la tribune, la boule qui exprime son vœu; il met dans une autre urne, *placée sur le bureau des secrétaires*, la boule dont il n'a pas fait usage. La boule blanche exprime l'adoption, la boule noire la non adoption.

L'appel terminé, le réappel se fait de suite pour les députés qui n'ont pas encore voté.

Le réappel fini, les secrétaires versent les boules dans une corbeille, ils font ostensiblement le compte et séparent les boules blanches des noires.

Le résultat de ce compte est arrêté par le secrétaire et proclamé par le président.

Après avoir voté, chaque membre de la chambre se remet à sa place. *Réglement*, art. 35).

fier sa conscience de peur de scinder la majorité ? — Non sans doute : mais M. Benjamin-Constant se hâte d'ajouter : « ici, je le pense, il y a une distinction à établir. Lorsqu'un député a la certitude que telle proposition ne sera pas soutenue par ses collègues, le mieux est en général de s'en abstenir. Il ne faut pas faire des choses inutiles ; et, lorsque ce qui est inutile peut troubler une concorde toujours désirable, affronter ce risque, sans pouvoir espérer de résultat heureux, et un mauvais calcul. » Ce mauvais calcul a été fait par M. Eusèbe Salverte. Sans renoncer à l'accusation contre l'ancien ministère, la presque totalité des membres de la rue de Rivoli jugeait que la France avait un besoin plus pressant d'institutions que de punitions, et qu'il était plus urgent de s'occuper des lois municipales et départementales que des méfaits de MM. de Villèle, de Peyronnet, Corbières et de Clermont-Tonnerre. Sur cent'soixante membres, cent quarante-cinq étaient de cet avis. Les questions de priorité sont évidemment de celles où la conscience n'est point engagée, où la majorité doit faire loi. Cependant cette loi a été méconnue par M. Eusèbe Salverte. Ni raisons, ni remontrances, ni prières n'ont pu le fléchir : les distractions de la chambre, les causeries des députés ne lui ont pas même fait sentir le besoin de sauter quelques feuillets de sa longue harangue : qu'est-il résulté de cette persistance ? La petite et passagère scission de l'extrême gauche, et l'inconvénient, plus grave, d'ajourner indéfiniment une accusation si bien fondée, mais si intempestivement reproduite.

La question de priorité pour la loi départementale ou la loi municipale a failli reproduire cette petite dissidence.

M. Charles Dupin, pour cette fois seulement, a cru devoir se montrer plus fidèle à l'amour de la famille qu'à l'amour du pays, ou, confondant l'un avec l'autre, il s'est levé quand ses collégues de gauche restaient assis, et il s'est assis lorsqu'ils se sont levés. Cette erreur, toute de sentiment, a été sans inconvéniens : et quoiqu'en dise M. B. Constant, dans une assemblée délibérante, la discipline n'étant point de la servitude, M. C. Dupin a eu le tort de se montrer indisciplinable.

Quant au vote sur le fond des choses, ce n'est plus la raison qui cède, c'est la conscience qui obéit ; et je suis tout prêt à blâmer les membres de la gauche qui ont crié à leurs collégues dissidens : *allez à droite, cela sera plus franc de votre part.* Mais je ne conçois pas l'espèce de mystère dont on voudrait environner ce vote de conscience. Un journal, adoptant dans toute son étendue la publicité anglaise (1), a nommé MM. Humann, Verneilh-de Puirazeau, Allent, Froidefond de Bellisle, Bessières, Oberkamps; et M. Humblot-Conté est venu en porter plainte à la réunion de Rivoli. Etait-ce bien comprendre ses devoirs de député et les droits de la presse périodique? Un autre membre a repoussé cette plainte et facilement prouvé qu'il n'existe, quant aux droits et aux devoirs, aucune différence entre le député qui, à la tribune, émet son vote dans un discours que tous les journaux publient, et le député qui manifeste le sien par assis et levé; les mouvemens de l'un étant aussi publics que les discours de l'autre, les journaux ont un droit égal à faire connaître les paroles et les attitudes de chacun des membres d'une chambre pendant qu'ils sont en séance et par conséquent en fonction. Mais, a dit M. Humblot-Conté, cette manifestation peut avoir sur l'esprit des électeurs une influence peu favorable aux réélections.—C'est une vérité incontestable, mais point du tout dommageable; cela ne peut nuire qu'à quelques individus, et ce n'est pas d'eux qu'il s'agit; c'est du pays.

Acteurs et spectateurs, électeurs et éligibles, depuis les classes les plus humbles jusqu'aux plus fières, nous sommes tous à l'école du système représentatif et de l'ordre constitutionnel. La France est peuplée de Polignacs, et sous ce rapport, les princes ne diffèrent pas du reste de la nation : eux aussi sont peuple. Parmi tant de choix qui prouvent l'extrême sagacité et le bon sens exquis des électeurs, si quelques-uns démentent nos prévisions et trompent nos espérances; si parmi les députés plusieurs

---

(1) Le *Constitutionnel* du 8 avril. A ces noms le *Courrier français* a joint ceux de MM. Despatys, Ricard et Bourdeau, et un autre journal, les noms de MM. Demetz, Nogaret, Boigne, Laîné de Villevesque, *etc.* Dans les salons on nomme encore MM. d'Angosse, Cordier, Dompierre d'Ornois, Brun de Villeret, Voisin de Gartempe, Chatellier, Simon Hennecy, Gravier, Huas, Crublier de Fougère, etc.

paraissent ne pas bien comprendre toute l'étendue de leur mission; s'il en est qui sont encore à savoir que d'un seul vote peut dépendre le repos et la prospérité de la France ; comment s'en étonner ?

Nos pères avaient des évêques qui ne résidaient pas ; nous avons des députés qui ne siégent pas. (1) Pour les uns, une heure et même deux heures après midi, c'est trop tôt; ils professent ou sont aux plaids; pour les autres, passé trois heures c'est trop tard, la bourse ou la banque les appelle; plusieurs vont visiter leurs forges ou leurs ateliers, et plusieurs encore leurs fermes, leurs usines; ceux-ci sont tout entiers aux soins que réclament leurs compositions littéraires et politiques; les idées ne leur viennent pas s'ils ne sont en château : ceux-là, candidats au corps académique, sont en cours de visites. Je connais un député fort bon citoyen, mais meilleur père encore, qui l'an passé, ne siégea que pendant quinze jours, au bout de ce temps il partit sans congé pour aller marier sa fille ; cette année son apparition n'a pas été plus longue ; le ciel ayant béni l'union de

---

(1) Au nombre des quarante et un membres de la gauche qui n'assistaient pas à la séance du 25 avril, on nomme MM. le général Lafon Blaniac, absent depuis les premiers jours de la session ; les généraux Gérard et Richemont, malades ; le colonel Jacqueminot, Ternaux, Petou, Alex. Perrier, Mercier, en tournées de fabriques ; Champy, Vaulot et Paillard, Duclère, à leurs forges ; Bérard, en Angleterre pour explorer des houilleries ; La Pommeraie, Fleury, Balguerie et Balguerie junior, appellés ou retenus pour affaires dans la Gironde, l'Orne et le Calvados; Dupont, sur les bords de l'Eure, qu'il préfère à ceux de la Seine ; Ch. Dupin, en inspection privée ; Jais, au Hâvre, où l'appelaient sa santé et le désir de voir la mer; Thibor du Chalard, Marchegay de Lousigny, Crablier de Fougères, en congé ; Pavée de Vandœuvre et Gaetan de Larochefoucauld, à leur campagne; (Cincinnatus parisien, M. Gaetan de Larochefoucauld quitte la ville pour les champs ; c'est sous le frais abri des bocages et des vergers qu'il trouve des inspirations pour la tribune); Pelet de la Lozère et Lemercier, absents par délicatesse, comme fils de pairs; Vauquelin, Ernouf, Duchatel, Gueheneuc, malades ; Clément du Doubs et Augustin de Saint-Aignan, sortis de la chambre pour respirer au dehors un air libre et pur.

la demoiselle , il est parti pour assister à ses couches. En 1828, les bijoux de la corbeille , en 1829, les dragées du baptême l'ont emporté sur les considérations législatives et le vote des lois. Il est des santés délicates que fatiguent le bruit et les oscillations des assemblées délibérantes ; il est des estomacs exigeans qui , au coup de six heures, entraînent impérieusement leurs heureux possesseurs de la salle des séances à la salle à manger.

Nos mandataires ont tous les meilleures intentions du monde; leurs commettans ne visent qu'à d'excellens choix ; il y a pourtant d'un et d'autre part de fréquens mécomptes. La publicité, en signalant les erreurs, enseignera à les corriger. Les dernières élections valent mieux que celles qui les ont précédées, et les élections futures seront d'autant meilleures qu'elles s'éloigneront davantage des élections passées.

RÉUNION AGIER.

Parti de la Défection. Parti des Importans.

Le véritable chef de ce parti est M. Delalot. C'est lui et quelques-uns de ses amis que l'ancien ministère accuse de défection et qu'il désignait sous le nom de *faction des importans*. M. Agier, dont elle a pris le nom, par reconnaissance pour l'hospitalité qu'il lui accorde, est un des membres les moins importans de cette réunion. Il se lance, elle le lance comme un ballon, et dans ses chûtes fréquentes, s'il ne rebondit de lui-même, rarement elle se baisse pour le ramasser. Placée entre les deux côtés de la chambre, et presque adossée aux ministres, cette fraction , quoique moins nombreuse l'année dernière qu'elle ne l'est cette année, avait cependant une plus grande importance, parce qu'alors quelques voix formaient la majorité, et qu'en se jetant tantôt à gauche, tantôt à droite, ses votes décidaient presque toutes les questions d'un haut intérêt. En 1828, elle se composait d'une vingtaine de membres ; elle en compte à peu près le double en 1829 (1).

---

(1) MM. Agier, de l'Aigle, Audigné de Restant, le vicomte de Beaumont

J'apprécierais mal les services dont le trône et le pays lui sont redevables ; ce qu'elle a fait pour elle et pour les siens est mieux connu. Un ministre, quatre conseillers d'état, trois préfets, un premier président de cour royale, un procureur-général, un conseiller de préfecture, issus de cette réunion, prouvent qu'elle n'a ni pris position au hasard, ni négligé les bénéfices de l'importance. La plupart de ses membres non encore pourvus, semblent placés au-dessus du banc des ministres, comme autant de pierres d'attente.

Affaiblir la droite, inquiéter la gauche et la surprendre par des reviremens subits ; redresser ou incliner le ministère, selon qu'il se montre favorable ou contraire à ses exigeances ; voilà le rôle adopté par plusieurs membres de ce parti : que vous en semble ?

Parti Labourdonnaye. Extrême droite.

Le parti Labourdonnaye n'a ni lieu de réunion arrêté, ni assemblées périodiques et réglées. Cinquante salons du faubourg Saint-Germain sont assez vastes pour le contenir tout entier, assez amis pour lui être ouverts de nuit et de jour.

MM. de Villèle, de Clermont-Tonnerre, de Peyronnet et de Corbières ont été combattus à outrance par ce parti ; c'est à outrance encore qu'il pousse la lutte contre MM. de Martignac, Portalis, de Caux et Roy. Il ne fait la guerre, ni aux hommes ni

---

préfet ; Bellemare, Bertin de Vaux, conseiller d'état ; le marquis de Cambors, premier président de Cour royale ; le comte de Charencey, conseiller d'Etat ; Dompierre d'Ormans ; le comte Dumoncel, colonel du génie ; le vicomte de Fussy, préfet ; Hyde de Neuville, ministre ; le comte de Labriffe, procureur-général ; de Lalot ; Lazerme, conseiller de préfecture ; Leclerc, du Calvados, Lesergent de Bayenghe ; Augustin Layval ; Félix Layval ; le comte de Montbriant ; Montsaulnin ; Perrine d'Hautpoul, colonel du génie ; Pressac, préfet ; Randot ; le marquis de Saint-Hermine ; de Villebrune et d'autres encore, composent ou visitent la réunion Agier.

aux principes, c'est aux positions ; c'est aux places qu'il en veut ; tant qu'il ne se sera pas emparé du ministère, il n'y aura avec lui ni paix ni trève ; s'il s'en empare, il n'y aura ni repos ni sécurité pour personne, pas plus au-dessus qu'à côté, et pas plus à côté qu'au-dessous. Dieu sauve le roi et la France des ambitions que ne découragent ni le souvenir de la loi d'amnistie, ni le retentissement de la machine infernale. Ne pensez pas, au reste, si, imitant l'exemple récemment donné dans les Pays-Bas, le côté gauche de la chambre se décidait à obtenir satisfaction des ministres, en rejetant les voies et moyens de la loi de finance, que l'extrême droite se joindrait à ce côté pour porter au ministère le coup décisif. Ainsi que les Anglais et leur généralissime Wellington, quand les Russes et les Turcs sont aux prises, demeurent immobiles, tout en jetant sur les uns et sur les autres, des regards étincelans de haine et de convoitise, de même la partie de la chambre dont M. de Labourdonnaye est le feld-maréchal conserve une apparence immobile et froide dans les mêlées des ministériels et des constitutionnels ; mais le budget est un foyer commun où cette glace vient toujours se fondre. Presque tous ont une part non petite au grand gâteau du milliard annuel ; les uns la prennent directement et par eux-mêmes, comme M. de Cursay le préfet ; les autres indirectement, par les mains de leur père, le grand-maître ou le grand autre chose ; de leur oncle, le premier ou le second je ne sais quoi ; de leur frère, l'aide-de-camp, l'archevêque, le chapelain ou le primicier ; d'une sœur qui veille aux atours ou d'une cousine qui accompagne ; et la loi de finance est toujours votée, quelle que soit la main qui la présente. Tous se sont levés pour M. de Villèle, tous se lèveront pour M. Roy. Quelque sèche que soit l'éloquence d'un ministre du trésor, sa voix à un timbre argentin qui n'a jamais manqué son effet sur les oreilles de la droite.

Loi Départementale, Loi Communale.

C'est tout un roman que l'histoire de ces jumelles, nées le même jour, mortes à la même heure. Paternité équivoque, enfantement laborieux, tutèle dissipatrice, belles paroles et vilaines inclinations; passions indiscrètes, entêtemens périlleux; incidens, péripéties, trop tôt et trop tard, haut et bas, dur et mou; fin tragique et prématurée.

L'indétrônable reine de la vieille et de la nouvelle France, la mode qui, comme la grammaire, sait régenter jusqu'aux rois,

> Et la fait la main haute obéir à ses lois,

la mode a mis les commissions en crédit : s'agit-il d'un pont, d'une chaussée, d'une prise d'eau, ou d'un chemin couvert et d'un ouvrage à cornes; vite des commissaires, une commission. A raison plus forte lorsqu'il est question de rédiger une ordonnance ou de cacher la pensée du pouvoir en la disséminant dans les articles d'une loi, en la masquant par un bel exposé des motifs. Chaque ministre fait des commissaires, comme M. de Villèle faisait des pairs, par escadron; et comme il y a de l'argent au fond de toutes choses, des dotations et des pensions pour 153 pairs, il y a aussi des traitemens pour MM. les commissaires : demandez plutôt aux pauvres indemnisés de Saint-Domingue. La plupart n'ont encore rien reçu, mais l'indemnité mensuelle de leurs commissaires liquidateurs n'a pas été un moment en souffrance. Il a donc été formé une commission composée de MM. Portal, Cuvier, de Tocqueville, Balzac, Monnier, Capelle, d'Haussez, de Bréteuil, de Salvandy, pour manipuler, élaborer et distribuer la matière départementale et la matière communale. Dans cette commission, mi-partie de communs et de gentilshommes, la qualité a obtenu un triomphe complet; c'était à qui lui ferait le sacrifice des libertés du bourgeois et des garanties du vilain. L'un était d'avis de traiter ces gens-là comme des nègres; l'autre, jeune conseiller, faisant balai neuf, se montrait ardent à nettoyer l'aire du pouvoir de ces ordures démocratiques, jadis connues sous le nom de franchises, et qu'insolemment la révolution appelle des droits imprescriptibles, parce que la Charte les a imprudemment consacrés. L'œuvre s'est trouvée digne des ouvriers.

A la joie, causée par les promesses et les principes d'une pré-
face éloquemment insidieuse, succéda le dépit et la confusion.
M. de Martignac et ses nombreux antécédens auraient dû tenir
toutes les méfiances sur le qui vive; elles s'endormirent au doux
magnétisme du patelinage ministériel : les journalistes eux-mêmes
s'y laissèrent prendre. Mais quand tout le monde fut éveillé, tout
le monde fut bien honteux.

Vous savez qu'il fut créé deux commissions et nommé deux
rapporteurs; leur travail se trouvant prêt, la question de priorité
fut examinée dans les réunions de la rue de Rivoli, et presque
unanimement décidée en faveur du projet de loi départemental.
Les journaux et la tribune vous en ont dit les raisons; elles
étaient décisives. M. Dupin ne les admit pas, car, comme il l'a
dit dans la séance du 22 avril, il est quelquefois de l'avis de ses
collégues et toujours du sien; force fut de l'entendre le même
jour que le général Sébastiani, et de l'entendre le premier; le
reste vous est connu; ce que vous ignorez peut-être, c'est que
plusieurs députés. M. Dupin est du nombre, trouvent le projet
de la commission autant et plus aristocratique que celui du gouvernement.

Le réglement des députés porte, article 11 : « Les fonctions du
président sont de maintenir l'ordre dans la chambre, *d'accorder
la parole*, etc. » Article 20 : « Aucun membre ne peut parler
qu'après avoir demandé, *de sa place*, la parole au président et
l'avoir obtenue. » Article 28 : « Dans la discussion, les orateurs
parlent alternativement, *pour et contre*. » C'est là tout ce qui est
écrit dans le réglement, sur les formalités à suivre pour deman-
der et obtenir la parole; cependant il en existe d'autres. Lorsque
la chambre a fixé le jour où doit s'ouvrir la discussion générale
sur un projet de loi, c'est dans le cabinet particulier du président
que les députés qui se proposent de parler, vont s'inscrire. Dans
ces occasions solennelles, l'amour de la célébrité s'unit à l'amour
du pays pour encourager les timides, pour stimuler les paresseux :
la presse est grande; c'est à qui arrivera un des premiers, car
presque toujours, la discussion générale est fermée avant que
tous les orateurs inscrits aient été entendus. Quelques députés

ont, à propos de la loi départementale, parlé en termes vagues, mais sur le ton du reproche, des mystères de la nuit du 19 mars. M. Labbey de Pompières a fait savoir, par la voie des journaux, qu'arrivé *à six heures du matin*, il ne se trouvait inscrit que le dix-huitième pour parler *contre*, mais qu'à la tribune il saurait rejoindre ses collégues, qui avaient préféré la défense à l'attaque. — Voilà bien des obscurités ; je vais essayer de les éclaircir.

Pour éviter le désordre inséparable d'un grand empressement, peut-être aussi pour favoriser les vigilents, le 19 mars, le cabinet de M. le président s'est ouvert au coup de minuit, pour ceux de MM. les députés qui voulaient se faire inscrire en faveur ou contre le projet du gouvernement. Tous les membres de la chambre ont-ils été informés à domicile de cette bienveillante attention de M. le président et de MM. les questeurs? je l'ignore. Ce que je sais, c'est que plusieurs en avaient eu vent, et que des membres logés dans le quartier de la Chaussée-d'Antin, ont été, pour cette nuit, chercher l'hospitalité chez leurs collégues, domiciliés sur la rive gauche de la Seine et dans le voisinage du palais Bourbon.

Vous me demandez comment il se fait que sur la liste des vingt-neuf orateurs inscrits *contre la loi*, les noms de MM. de Corcelles, Petou, Schonen, Viennet, Daunou, Labbey de Pompières et Bignon se trouvent inscrits à côté de ceux de MM. de Formont, Sallabéry, de Labourdonnaye, Montbel, de Conny et de Laboissière ; tandis que, sur la liste des orateurs inscrits *pour la loi*, il n'y a que sept noms entre celui de M. le général Lafayette et le nom de M. Bessières, et seulement quatre entre le nom de Dupont de l'Eure et celui de M. Lainé de Villevesque. Ceci s'explique par l'obligation qu'impose l'article 28, d'entendre tour à tour et alternativement un orateur *pour* et un orateur *contre*. Vous vous étonnez de n'avoir vu, ni sur l'une, ni sur l'autre liste, le nom de M. Casimir Perrier ; vous vous enquérez, avec inquiétude, des causes du silence qu'il continue à garder sur toutes les propositions ministérielles. Je puis vous rassurer sur la santé de ce député célèbre, elle est bien rétablie ; quant à la cause de son silence, je la devine peut-être, mais le plus sûr est de ne rien affirmer, de faire comme M. Casimir Perrier, de se taire. Cette question est une de celles auxquelles on ne répond que par des hochemens de tête et des haussemens d'épaules.

MINISTÈRES. MINISTRES.

Dans aucune des sessions des chambres autant que dans la session actuelle, les conseillers de la couronne n'ont appuyé leurs argumens de la volonté du prince. Ne se bornant plus au devoir constitutionnel de proposer les lois au nom du monarque, ils le citent en toute circonstance et à tout propos; cette vanterie de sa confiance en leur dévouement; ce grand étalage de fidélité reconnaissante, a fait comparer ces messieurs à certains joueurs qui menacent incessamment leurs adversaires de faire atout du roi, quoique jamais il ne soit dans leur jeu. M. Ravez aussi s'est fait le champion des prérogatives que personne n'attaque, tout en protestant de son aversion pour le portefeuille. Les personnes accoutumées à regarder le dessous des cartes parient pour M. Ravez, contre M. de Martignac.

Si vous écoutez les déclarations officielles et les protestations de tribune, jamais ministère ne fut mieux d'accord, et plus uni que le ministère actuel ; jamais rapports plus intimes n'existèrent entre la guerre et la justice, l'église et les finances, la marine et le commerce, les choses du dedans et les choses du dehors. M. Portalis en montrant son cher Martignac, dirait volontiers, comme Oreste à Electre : *c'est Pylade, ma sœur!* Cependant à la séance où la loi départementale obtint, d'un vote inattendu, la priorité sur la loi communale, les observateurs les moins attentifs furent frappés de la diversité des nuances dont tout à coup le banc des ministres parut comme bariolé. Tandis que se tournant vers l'extrême droite, M. de Martignac montrait un front courroucé, une sérénité plus suave semblait se répandre sur les béatitudes de M. Feutrier : les joues de M. Portalis se rembrunissaient des noirs reflets de sa simarre, mais celles de M. Vatisménil se coloraient d'un doux incarnat ; l'épée de M. le ministre de la guerre était menaçante et presque étincelante, mais celle de M. le ministre de la marine, tranquillement endormie dans son fourreau, n'avait rien d'hostile. Dans la séance du 8 avril la division a été plus tranchée encore. MM. Portalis et de Martignac sont sortis de la chambre et y sont rentrés sans parler à leurs collègues de l'autre banc. Durant leur absence, l'inquiétude et l'incertitude se faisaient jour à travers le masque d'impassibilité dont la politique couvre les traits de tout homme qu'elle admet à ses mystères ; et une sorte de stupéfaction les musela tous à la brusque lecture de l'ordonnance. Les mieux informés semblaient vouloir dire : Eh! quoi! déjà! Quant aux deux porteurs d'ordres, entr'eux les rôles étaient changés ; Pylade était devenu Oreste : la démarche, les gestes, les traits, la voix de M. de Martignac, tout en lui rappelait le héros grec ; l'homme de la fatale destinée.

Dans sa réponse à M. Cormenin, les paroxismes de cette fureur politique ont été si violens et si fréquens, que le petit nombre d'amis qui restent à M. le ministre de l'intérieur, témoignaient de vives inquiétudes sur la santé mentale de son Excellence : j'ai entendu, dans les chuchotemens de la droite, rappeler de sinistres souvenirs et murmurer le nom de Castelreagh.

Ma lettre est déjà bien longue et cependant je n'ai pas répondu à toutes vos questions ; vous me demandez quel est à Paris, pour un député, l'emploi de la journée ; quelle figure il fait aux cercles et au jeu de la cour et de quel air il y est reçu ; pour qui sont, dans ce pays là, les regards caressans, les sourires gracieux, les appellations familières et les mots dits à l'oreille ? vous savez qui paie les violons, vous voudriez savoir qui danse : voilà une curiosité bien naturelle, mais pour la satisfaire il faut des loisirs ; les voies et moyens, les neuvaines et les stations nous en laissent bien peu ; fassent MM. les ministres et MM. les missionnaires, que tout repos ne soit pas ôté pendant treize années encore, à cette France si bien disposée à payer et à dormir.

Je suis, etc.